中国骄傲

主编 柳建伟

ZB 嘉盛体育

中国游泳 乘风破浪

北京时代华文书局

写在前面

《中国骄傲》，如何诞生？

1984年洛杉矶夏季奥运会，许海峰一声枪响震惊世界，为中国体育代表团摘得奥运首金。自1984年起，中国体育代表团已经全面参加十届夏季奥运会，中国一步步成长为世界竞技体育强国。在这个过程中，中国体育健儿留下了无数值得铭记的经典瞬间。中国体育健儿的赛场故事，是动人、励志、具有感染力的；中国体育的荣誉瞬间，是辉煌、耀眼、增强民族自信心、提升民族自豪感的……

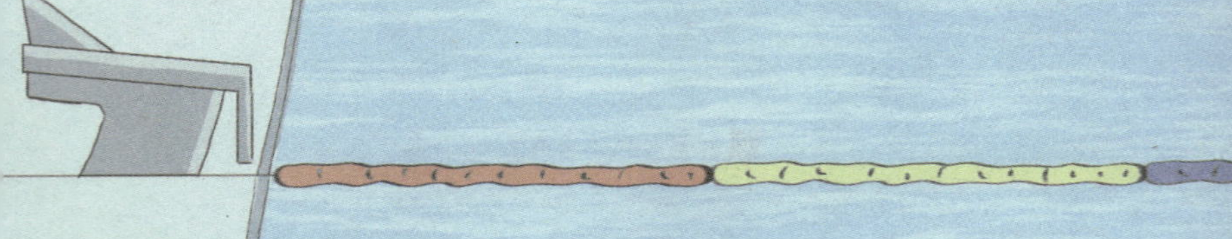

光阴似箭，40年已过，2024年，又是一个“奥运年”。值此之际，我们希望有一套图书可以传承中国体育的拼搏精神，可以让孩子们铭记动人的体育英雄故事，可以帮助孩子们树立正确的价值观、选择合适的励志榜样……《中国骄傲》系列图书应运而生。我们希望用这套图书播下体育强国梦的种子，我们期待这套图书让中国的体育英雄故事跃然纸上，我们憧憬这套图书让更多的孩子爱上体育……

《中国骄傲》，内容如何构成？

中国体育代表团的征战史无比灿烂，中国体育健儿的传奇征途无比辉煌，有限的篇幅难以展现全部。在此我们只能选取部分体育项目和部分运动员的故事重点描绘，在这里没有先后、主次排名，只有我们对每一个“中国骄傲”无比的敬意。

目前《中国骄傲》系列图书有十册呈现给读者，分别是：《中国女排》《中国乒乓》《中国跳水》《中国田径》《中国射击》《中国游泳》《中国体操》《中国羽毛球》《中国时刻》《中国冬奥》。

《中国骄傲》，一直在路上……

未来，《中国骄傲》系列图书也将努力呈现中国体育更多的动人篇章，包括夏奥会、冬奥会、残奥会等，我们致敬所有为中国体育倾情付出的传奇英雄。《中国骄傲》系列图书就如同体育赛场的“中国骄傲”，一直在路上……

中国游泳，乘风破浪！

游泳是生活中常见的一种运动，也是在世界范围内都非常受欢迎的竞技体育项目。在1896年第一届现代奥运会中，游泳便成为正式比赛项目。

1952年，中国游泳选手首次亮相国际赛场。1991年，林莉在游泳世锦赛中帮助中国游泳队拿到第一个世界冠军。1992年巴塞罗那奥运会，庄泳实现中国游泳奥运金牌“零的突破”。

进入21世纪，随着游泳运动在中国的深入普及，中国游泳队在各类世界大赛中的成绩不断提升。中国游泳队在奥运会上不断取得突破，罗雪

娟、刘子歌、焦刘洋、孙杨、汪顺、叶诗文、张雨霏等运动员屡屡创造佳绩。2012年伦敦奥运会，中国游泳队一举拿到5枚金牌，登上巅峰。如今，张雨霏、覃海洋等新生代运动员，在国际游泳赛场扛起中国游泳队的大旗。

《中国游泳》选取中国泳军征战奥运的部分运动员，讲述他们奋勇争先的故事，但中国泳军创造了太多热血沸腾的辉煌时刻，留下了太多值得铭记的骄傲瞬间，篇幅有限，无法悉数囊括，谨以《中国游泳》致敬传奇的中国泳军。

卷首语
风雨无阻，直挂云帆

将汗水融入蔚蓝，用泪眼凝望国旗。

蔚蓝的泳池，记录着中国泳军的拼搏之路。

家喻户晓的“五朵金花”，

助中国泳军实现历史性突破。

蔚蓝的泳池，见证过中国泳军的低谷时刻。

孤胆英雄罗雪娟，

创造“第一泳道奇迹”为中国泳军带来新曙光。

蔚蓝的泳池，等来了中国泳军的荣耀时刻。

“绝代双骄”刘子歌、焦刘洋，

奥运赛场均破世界纪录。

“大魔王”孙杨，

在中长距离自由泳领域成就“大满贯”。

16岁天才少女叶诗文，

加冕奥运“双金王”惊世界。

天生“蝶后”张雨霏，

80分钟连夺两金创奥运奇迹。

这片蔚蓝的泳池，

写就了中国泳军值得铭记的奋斗史。

从弱小到强大，中国泳军华丽蝶变，屡创佳绩。

一代又一代中国游泳人，劈波斩浪，挑战自我，

一次又一次在奥运赛场升国旗、奏国歌，

一幕又一幕热血沸腾的瞬间，

化作游泳健儿拼搏精神的永恒雕像。

目录

1

第一章

中国“蛙后”
——罗雪娟

21

第二章

自由泳之王
——孙杨

41

第三章

天生“蝶后”
——张雨霏

61

第四章

“绝代双骄”
——刘子歌与焦刘洋

81
第五章
“混合泳女皇”
——叶诗文

100
致敬
奥运会英雄谱

106
典藏
中国游泳荣耀时刻

109
游泳小百科

她单届世锦赛完成三金壮举，她2004年雅典奥运会创造“第一泳道奇迹”。她为了团队倾其所有，她支撑起低谷中的中国泳军。她挑战身体极限，她是中国“蛙后”罗雪娟。

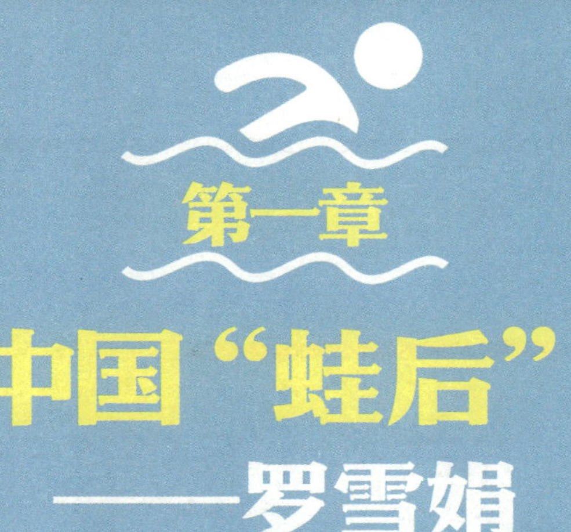

第一章

中国“蛙后”
——罗雪娟

第一泳道奇迹

1分06秒64

被“退回”的天才

1984年出生的罗雪娟，很小的时候便展露天赋，开始游泳业余训练。11岁，罗雪娟被选入浙江省体校，然而除了蛙泳成绩出色，其余泳姿她表现得都非常一般。这也导致她被退回到杭州市体校。

天才险些就此被埋没，还好她遇到了自己的伯乐。

1996年，浙江省游泳队的教练张亚东看中了她的天赋，将罗雪娟带到了省队。自此之后，张亚东一直陪伴罗雪娟征战，在恩师针对性的指导之下，罗雪娟的成绩飞速提升，她不仅入选了国家队，还在国内比赛中表现出色。凭借这样的发挥，**罗雪娟16岁便获得了参加奥运会的机会。**

2000年悉尼奥运会，稚嫩的罗雪娟首次登上大舞台，最终，她在女子200米蛙泳的比赛中闯入决赛，收获第八名，成为中国游泳队的新希望。

黑暗中的一束光

中国游泳队在2000年悉尼奥运会陷入绝对低谷当中。这届奥运会的游泳比赛，中国队1枚奖牌都未能斩获。

经历如此让人沮丧的低迷时期，年轻的罗雪娟成为黑暗中的一束光。她进步神速，迅速进入世界顶尖行列。2001年在日本福冈举行的世锦赛中，17岁的罗雪娟大放异彩。

2001年7月23日，在女子100米蛙泳决赛中，罗雪娟顶住压力夺得冠军。这是当届世锦赛上中国选手夺得的第一枚游泳金牌，为低谷中的中国游泳队打了一剂强心针。

接下来罗雪娟又将女子50米蛙泳的金牌收入囊中，同时在女子200米蛙泳和4×100米混合泳接力的比赛中，罗雪娟都拿到了铜牌。

首次征战世锦赛，便拿下2金2铜的佳绩，在中国游泳队成绩整体低迷的大背景下，罗雪娟承载了无限的希望，也承载了沉甸甸的压力。

“蛙后”罗雪娟

属于罗雪娟的表演还在继续。

2003年巴塞罗那游泳世锦赛，罗雪娟再次迎来爆发时刻。她在女子100米蛙泳的决赛中，以1分06秒80的成绩摘金，成为世锦赛历史上首位在该项目上实现卫冕的选手。

这届比赛，罗雪娟在女子50米蛙泳和女子4×100米混合泳接力的比赛中同样摘金，**成为世锦赛“三金王”。**值得一提的是，该届世锦赛中国队在游泳项目中总计获得三枚金牌。“蛙后”罗雪娟，以一己之力撑起了中国泳军。

凭借世锦赛的出色表现，罗雪娟被新华社体育部评为2003年中国十佳运动员。连续两届世锦赛取得佳绩，不是罗雪娟最终的目标。2004年雅典奥运会，将是罗雪娟下一个需要证明自己的舞台。

既要顶住巨大的压力、战胜强大的对手，还要克服身兼多项带来的体能问题，年轻的“蛙后”，能在2004年雅典奥运会实现夺得金牌的梦想吗？

“惊险”晋级

2004年雅典奥运会女子100米蛙泳比赛正式打响，罗雪娟承担着冲击金牌的重任。然而在预赛和半决赛中，罗雪娟的表现似乎有些失常。半决赛中，她仅仅游出1分08秒57的成绩，远不及雷塞尔·琼斯、塔拉·科克等竞争对手，**最终以第7名的成绩惊险晋级决赛。**

彼时，恐怕很多人都对罗雪娟夺金放弃了希望，连罗雪娟的教练张亚东都胆战心惊。但这看似惊险的晋级，其实是罗

雪娟的刻意安排。

由于女子100米蛙泳的竞争已经白热化，来自美国、澳大利亚、德国的选手频频游出非常惊艳的成绩。为了远离对手、专注比赛，也为了保存体力，罗雪娟选择在预赛和半决赛保留实力，在决赛游边道。即将到来的决赛，才是罗雪娟倾其所有、放手一搏的舞台。

中国“蛙后”，即将腾飞！

“第一泳道奇迹”

由于半决赛成绩仅列第7，按照规则，决赛中罗雪娟将从第一泳道出发。第一泳道是游泳赛场有名的“慢车道”，罕有选手能在这个泳道中脱颖而出。

当地时间2004年8月16日，罗雪娟与一众强敌开始了女子100米蛙泳决赛的较量。这一次罗雪娟无须保留实力，她要做的就是竭尽所能。出发之后，罗雪娟牢牢占据领先位置，一马当先。

最后的冲刺阶段，罗雪娟速度越来越快，**最终以1分06秒64的成绩打破奥运会纪录，拿下金牌，这是中国游泳队时隔8年再**

度斩获奥运金牌。

罗雪娟兴奋地在泳池中振臂欢呼，庆祝胜利。领奖前，罗雪娟身披五星红旗，在场内肆意地奔跑庆祝。多年之后，回忆起这场荡气回肠的胜利以及随后的颁奖仪式，罗雪娟骄傲地说：“在那一刻我是罗雪娟，更是一个中国人！”

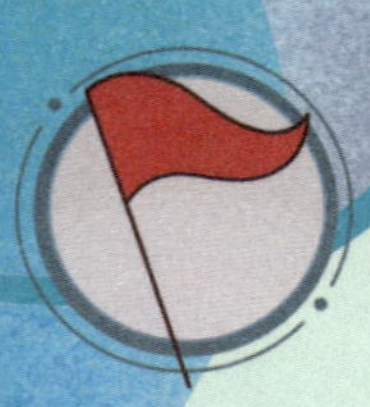

为团队而战

在女子100米蛙泳项目中倾尽全力夺金后，罗雪娟心脏出现了问题，不得不放弃接下来的女子200米蛙泳项目。然而宣布弃权后，罗雪娟饱受国际舆论质疑。为了回应质疑，也为了肩负的责任，她强撑着参加了女子4×100米混合泳接力的比赛。

经历了5天的调整，当地时间8月21日，疲惫的罗雪娟最后一搏，为团队而战。

在第二棒蛙泳的较量中，罗雪娟全力冲刺，竭尽所能地缩小和对手的差距。与队友交接完毕后，罗雪娟大口喘着粗气，此时她需要离开这个泳道。**只见罗雪娟勉强用手抓住泳池边的扶手，但是却没有多余的力气支撑自己上岸，就这样晕倒在泳池内。**现场的教练员和志愿者赶紧跑过来，帮助罗雪娟离开赛场。

拼尽全部力气的罗雪娟，帮助中国队拿到了第四名。虽然无缘奖牌，但罗雪娟为了团队，已然竭尽所能。

因病遗憾退役

“这枚金牌并不是我的谢幕演出，4年后，在北京举行的奥运会上，我还要争取夺得金牌！”2004年雅典奥运会摘金后，罗雪娟的这席话彰显着她对未来的憧憬。2008年北京奥运会的赛场上，她仍然渴望为国而战。

然而，梦想却在不久之后戛然而止。

罗雪娟的身体情况一直没有好转，因为心脏问题，她多次在训练和比赛中晕倒，残酷的现实使得她参加2008年北京奥运会的梦想被迫终结。2007年1月，刚满23岁的罗雪娟因病宣布退役。

我们非常遗憾，遗憾没有见证过巅峰期的罗雪娟是什么样的，因为她在23岁的年龄便无奈地选择转身离开。但我们也非常幸运，幸运地见证了她为了奥运梦想、为了祖国荣誉倾尽全力地拼搏。

“圆梦”北京奥运会

尽管未能实现作为运动员参加2008年北京奥运会的梦想，但是罗雪娟以另一种方式“圆梦”了。

2008年3月24日，北京奥运会圣火在希腊古奥林匹亚遗址成功点燃，罗雪娟成为第一个举起北京奥运会火炬的中国人。

罗雪娟用4年时间实现了从“第一名”到“第一棒”的转变，中国泳军则是等待21年，实现了金牌传承。

2024年多哈游泳世锦赛，2004年出生的中国小将唐钱婷拿下了女子100米蛙泳的金牌。这是自2003年世锦赛罗雪娟夺冠以来，中国泳军首次斩获世锦赛该项目的冠军。跨越21年的时光，我们见证了中国泳军的崛起之路。

曾几何时，罗雪娟是中国泳军在黑暗中的一束光。时过境迁，中国泳军已是全面开花的精锐之师。

奥运第一棒

他实现中国男子游泳奥运金牌“零的突破”，3 次站上奥运会最高领奖台；他两度斩获世锦赛最佳男子运动员，11 次世锦赛摘金，屡创历史；他是泳池里劈波斩浪、战无不胜的自由泳之王。

第二章

自由泳之王

——孙杨

CHINA

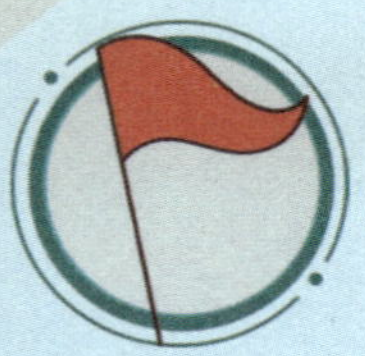

震惊亚洲，“杨”名世界

孙杨出生于1991年，自小身体素质好，在幼儿园时期就因为突出的身高被选中学习游泳。凭借着极度勤奋的训练，2007年，不到16岁的孙杨成为中国男子游泳队的一员。

2010年广州亚运会，孙杨与队友搭档拿到男子4×200米自由泳接力的冠军，结

束了日本队在亚运会该项目长达56年独占鳌头的局面。在个人主项男子1500米自由泳的比赛中，孙杨也拿到了冠军，并且打破了亚洲纪录，将原有的亚洲纪录提高了10秒之多。不到19岁的孙杨开始震惊亚洲！

2011年7月，上海游泳世锦赛，孙杨在男子800米自由泳中夺冠，获得个人的第一个世界冠军。在男子1500米自由泳的比赛中，孙杨同样拿到冠军，**他不仅成为中国男子游泳队在世锦赛中的首个“双冠王”，还打破了尘封10年之久的男子1500米自由泳世界纪录。**此外，本届世锦赛孙杨在男子400米自由泳中憾负韩国选手朴泰桓获得银牌、在男子4×200米自由泳接力比赛中获得铜牌。不到1年时间，孙杨不仅在亚洲男子自由泳项目中闪闪发光，更是“杨”名世界。

奥运金牌，改写历史

当地时间7月28日晚，2012年伦敦奥运会男子400米自由泳决赛打响，孙杨再次与来自韩国的劲敌朴泰桓同场竞技，他迎来了在奥运会的舞台上证明自己、创造历史的最好机会。

比赛开始后，朴泰桓先声夺人，前200米一直保持优势。主攻长距离的孙杨后程能力更强，他一直紧追朴泰桓并在后200米开始发力。比赛进入最后一个100米前，孙杨与对手齐头并进。

最后100米的冲刺，孙杨彻底终结了比赛的悬念，他以巨大的优势第一个到达终点，获得冠军。**孙杨3分40秒14的成绩也打破了由名将伊恩·索普保持的3分40秒59的奥运会纪录。**

夺冠后的孙杨兴奋地挥拳庆祝，中国男子游泳队在奥运会上零金牌的尴尬宣告终结。孙杨用绝对的实力征服了所有对手，中国游泳的历史就此被改写。

破世界纪录，再摘金

拿到男子400米自由泳冠军之后，孙杨又在2012年伦敦奥运会男子200米自由泳的比赛中收获银牌，同时还与队友在男子4×200米自由泳接力的比赛中获得铜牌。当地时间8月4日晚，孙杨迎来了自己的主项——男子1500米自由泳的决赛。

身兼多项，体能消耗巨大，但这丝毫没有削弱他在该项目中的巨大优势。

比赛刚开始时，朴泰桓还能够与孙杨齐头并进，但100米之后，孙杨便牢牢占据了领先优势。随后他的优势不断扩大，1秒、2秒、3秒……比赛早早便失去悬念，所有人都在静静等待孙杨最后的冲刺，此时人们关心的是孙杨将会如何改写世界纪录。

最后孙杨毫无悬念地夺冠——14分31秒02，他打破了1年前自己在上海创造的世界纪录，并且将其提高了3秒多。拿下第二枚奥运金牌之后，孙杨激动地拍打着水面，随后掩面哭泣。

这是激动的泪水，更是荣耀的泪水，此时此刻，孙杨已经成为中国男子游泳队的领军人物。

势不可挡，蝉联最佳

2012年伦敦奥运会之后，孙杨扛起了中国泳军的大旗，他开始在各类世界大赛中呈现惊人的统治力，不断实现史无前例的壮举。

2013年巴塞罗那游泳世锦赛，孙杨再度迎来“大丰收”。

他不仅拿到了男子400米自由泳金牌，还在男子800米自由泳和男子1500米自由泳两个项目中，都实现了卫冕。不仅如此，他还与队友搭档在男子4×200米自由泳接力中拿到铜牌。在前三棒明显落后的情况下，孙杨在最后一棒奋力追击，帮助中国队反超到第三名。

身兼多项、战无不胜，凭借这样的表现，孙杨荣获本届世锦赛最佳男子运动员奖项，这是亚洲运动员首次斩获该荣誉。

2015年喀山游泳世锦赛，孙杨在男子400米自由泳项目中实现卫冕，在男子800米自由泳中实现世锦赛三连冠。拿到2枚金牌的孙杨蝉联世锦赛最佳男子运动员，再度创造了亚洲游泳的历史。

自由泳世界里的绝对王者，中国孙杨。

一枚银牌，孙杨哭了

备战2016年里约奥运会的过程对孙杨来说荆棘遍布。他在2016年的1月和5月连续遭遇骨折，备战时间大幅度减少，备战质量大幅度下降，而这些也给他的里约奥运会之旅埋下了隐患。

当地时间8月6日，2016年里约奥运会男子400米自由泳决赛打响。大伤初愈的孙杨将面临

世界各路强敌的挑战。

比赛开始之后，孙杨依旧采取跟随战术，一直没有进入过前三名。300米结束后，孙杨的冲刺如期而至。他在最后100米奋力追击，最终以3分41秒68的成绩获得亚军，比来自澳大利亚的冠军马克·霍顿慢了仅仅0.13秒。

自由泳之王未能在奥运会实现男子400米自由泳项目的卫冕，伤病的折磨和失利的遗憾一股脑涌了过来，孙杨在采访区抱着记者痛哭。

但孙杨没有让遗憾持续太久，2天之后他就用王者归来的表现驱散阴霾！

奥运第三金，再创辉煌

短暂的遗憾之后，孙杨又投入新的征程之中。当地时间8月8日，男子200米自由泳决赛正式开始。

作为主攻长距离项目的选手，孙杨在200米自由泳中实力并非远超对手。但首战丢金给了他别样的动力，让他在这场比赛中完全展现了自己的水平。

前100米，孙杨依旧稳扎稳打，来自南非的查德·勒·克洛斯和来自美国的康纳尔·德怀尔一直处在领先的位置。

后100米，孙杨再度开启冲刺模式，几乎瞬间就抹平了劣势。最后50米，场面惊心动魄，孙杨顶住压力，劈波斩浪，最终以1分44秒65的成绩惊险夺金。

这枚金牌同样承载着重大的历史意义：**孙杨成为中国第一位连续两届奥运会摘取金牌的游泳运动员，更是历史上第一位集男子200米、400米、1500米自由泳奥运会金牌于一身的游泳运动员。**

永不停歇，“金满贯”孙杨

夺金之后的孙杨未能在男子1500米自由泳的比赛中延续自己的神奇表现，因伤病和巨大的体能消耗，他在预赛中便早早出局。但两届奥运会3金2银1铜的傲人成绩，依旧让他在中国奥运史上写下浓墨重彩的一笔。

孙杨创造历史的脚步没有停止。2017年游泳世锦赛，孙杨收获了男子200米自

由泳和400米自由泳的冠军，至此，孙杨成为世界上首位在男子200米、400米、800米、1500米自由泳中都拿到过世锦赛金牌的选手。

2018年雅加达亚运会，孙杨在上述4个项目中全部摘金，实现了同一届大赛中长距离自由泳项目的“金满贯”。

2019年游泳世锦赛，孙杨实现了男子400米自由泳世锦赛四连冠，成为该项目历史第一人，同时也获得了男子200米自由泳的冠军。

孙杨犹如夜空中的星光，照亮中国游泳的前行之路，他的横空出世不仅改写了中国游泳的历史，更是带动中国男子游泳队大踏步前进。

当之无愧，自由泳之王

作为自由泳世界的绝对王者，孙杨所向披靡，可谓不折不扣的“金牌收割机”。

他3次征战奥运会，收获3枚金牌、2枚银牌、1枚铜牌，并且打破了男子400米自由泳的奥运会纪录和男子1500米自由泳的世界纪录，是中国男子游泳队第一位奥运冠军，唯一在连续两届奥运会摘金的中国游泳运动员。

他7次征战游泳世锦赛，总计收获11个冠军，还在2013年和2015年蝉联世锦赛最佳男子运动员，是历史上唯一的男子

400米自由泳世锦赛四连冠选手、唯一的男子800米自由泳世锦赛三连冠选手。

他是世界泳坛历史上唯一的男子200米、400米、1500米自由泳“大满贯”得主，亚洲冠军和全国冠军更是数不胜数。

在游泳这个天才辈出的领域，**犹如孙杨这样，长期在自由泳项目中展现惊人统治力的选手，历史上绝无仅有。中国孙杨，世界的自由泳之王，他配得上这样的称号。**

她是为游泳而生的天才，她是渴望“闹海”的哪吒。她曾体会过从巅峰坠入低谷的落差，也曾倔强地从低谷游回巅峰。她是张雨霏，她是 80 分钟内两夺奥运金牌的天生“蝶后”。

第三章

天生“蝶后”

——张雨霏

ZHANG YUFEI

为游泳而生

因为母亲是游泳运动员、父亲是游泳教练员，1998年出生的张雨霏在3岁时便学会了游泳，5岁时就开始接受正规的游泳训练。2010年，12岁的张雨霏在江苏省第十七届运动会上取得2金3银1铜的战绩，一战成名，同年底被选入省体校。13岁破格进入省队，15岁成为中国国家游泳队的一员，张雨霏一路顺风顺水。

随后，张雨霏逐渐在国内游泳赛场

所向披靡，在强手如林的国际赛场也初露锋芒。2015年喀山游泳世锦赛，张雨霏以2分06秒51的成绩获得女子200米蝶泳比赛的季军，并且改写了该项目的世界青年纪录。她还与队友搭档，在女子4×200米自由泳接力比赛中拿下一枚铜牌。首次亮相游泳世锦赛，17岁的张雨霏给中国游泳带来了无限希望。

2016年，18岁的张雨霏第一次站上了奥运会的舞台。在女子200米蝶泳项目中，张雨霏顺利闯入决赛，但随后发挥失常，仅仅获得第六名，天才少女一时陷入低谷。

不过，这一切都只是开始，扎着丸子头的张雨霏，注定要像哪吒一样“闹海”。

等待一“霏”冲天

整个2017年，张雨霏状态恢复得很好，在各项赛事中摘金夺银。

2018年雅加达亚运会上，张雨霏成为中国体育代表团中的一大亮点。她获得了女子100米蝶泳亚军和女子200米蝶泳冠军，还与队友搭档在男女混合4×100米混合泳接力决赛中打破赛会纪录，夺得冠军。

2019年，张雨霏光荣入伍，成为八一游泳队的一员，并且参加了2019年世界军人运动会。她在军运会中一共获得5枚金牌、1枚银牌、2枚铜牌。

十几年如一日的刻苦训练，加上天生的游泳天赋，张雨霏渐入佳境。此时她等待的便是在奥运会上取得突破。因为疫情，2020东京奥运会延期到2021年举行。此时23岁的张雨霏，渴望在日本东京迎来绽放，迎来属于自己的第一枚奥运金牌。

一“霏”冲天，就在2021年！

破茧成蝶

经历了2016年里约奥运会之后，出战2020东京奥运会的张雨霏信心满满。2021年7月26日，在女子100米蝶泳项目中，张雨霏迎来自己的又一次奥运会决赛。

她从容地入水，稳定地冲刺，最终以55秒64的成绩获得该项目的银牌，仅落后冠军0.05秒。**这是张雨霏的首枚奥运奖牌，也是中国游泳队在本届奥运会的第一枚奖牌。**在并非自己主项的100米蝶泳比赛中收获亚军，惊喜显然大过遗憾。这枚银牌让张雨霏有了更加充足的自信，即将到来的主项200米蝶泳的比赛，便是她破茧成蝶的时刻。

在女子200米蝶泳的预赛和半决赛中，张雨霏均取得第一，顺利晋级决赛的她剑指金牌。2021年7月29日，女子200米蝶泳决赛正式打响。当比赛开始，张雨霏在自己的道次上一跃入水，开始了自己的表演。

一战“封后”

张雨霏从出发就一路领先，来到冲刺阶段更是彻底拉开了与身后选手的距离，优势明显。

最终，张雨霏第一个到达终点，拿到了属于自己的第一枚奥运金牌，同时也是本届奥运会上中国游泳队的第一枚金牌。2分03秒86的成绩也打破了由中国选手焦刘洋保持的该项目的奥运会纪录。

5年前里约奥运会那个想要“闹海”的小哪吒，如今实现了夙愿。**昔日的天才少女，也终于破茧成蝶，加冕泳坛“蝶后”。曾经的努力与汗水，全部换成了荣耀的回报。**

梦想成真的瞬间是无比美好的，张雨霏也把最美的一面留给了这个时刻。她走出泳池朝着看台挥手，露出自己标志性的笑容。在女子200米蝶泳这个中国游泳队的优势项目中，她延续了中国队昔日的辉煌。

梦幻的征程还在继续。拿下女子200米蝶泳金牌之后，张雨霏仅有80分钟的休息时间，之后便和队友一起投入了新的战斗。

80分钟连夺2金

女子4×200米自由泳接力决赛即将打响。

新科奥运冠军还没来得及充分享受第一枚奥运金牌带来的喜悦，便与队友杨浚瑄、汤慕涵和李冰洁再度出征，她们渴望为奥运会中国体育代表团带来新的

荣耀。

比赛开始，在属于自己的第三棒的200米当中，张雨霏又一次展示了自己的速度。最终4名中国女将以7分40秒33的成绩夺得冠军，并且打破了该项目的世界纪录。赛后采访披露，教练组是临时决定让张雨霏接着游接力赛的。**面对这样的情况，一向心态乐观的张雨霏欣然接受："既然你们相信我，那我就游好！"**

80分钟接连拿下两枚奥运金牌，以这样历史罕有的速度夺金后，张雨霏开玩笑说："感觉这金牌是买一送一啊。"

2天之后，在男女混合4×100米混合泳接力决赛中，张雨霏与队友搭档收获了一枚银牌。就这样，张雨霏以2枚金牌、2枚银牌的好成绩结束了自己的第二次奥运之旅。

自此，张雨霏成为中国泳坛现象级的运动员，“新蝶后”的称号不胫而走。回顾张雨霏在2020东京奥运会的征程，四次站上领奖台固然值得大书特书，但她在辛苦备战过程中的坚毅前行和不懈努力更值得被铭记。

在2020东京奥运会的备战周期里，张

雨霏每天坚持高强度训练10个小时，**包括4个小时的泳池沉浸训练，还有 100个卷腹、200个俯卧撑、300个高抬腿、400个带球跑的陆上训练。**

没有荣誉是可以轻松获取的，正是依靠这样的辛苦努力，泳坛“新蝶后”才登上了巅峰的舞台。

“劳模”张雨霏

2020东京奥运会成为张雨霏腾飞的起点。自此之后，她在世界大赛中以更加从容的姿态赢下了更多的比赛。

2022年对张雨霏来说是调整的一年。布达佩斯游泳世锦赛，张雨霏收获了女子50米蝶泳、100米蝶泳和200米蝶泳三个项目的铜牌。

度过了短暂的调整期之后，2023年的张雨霏堪称“劳模”，在各项大赛中披荆斩棘、捷报频传。

2023年福冈游泳世锦赛，张雨霏收获了女子100米蝶泳的金牌，这也是她职业生涯的首枚世锦赛金牌。同时，她还拿到了男女混合4×100米混合泳接力的金牌、女子50米蝶泳的银牌，以及女子4×100米自由泳接力和女子50米自由泳的铜牌。

随后，张雨霏又出战了2023年的大运会、游泳世界杯、亚运会等多项大赛。**在总结自己的2023年时，张雨霏这样写道：“91枪比赛，收获34金6银5铜，8座城市的四季三餐，跨越国界，超越输赢，拥抱友谊。”**

值得一提的是，2023年杭州亚运会，张雨霏夺得了女子50米蝶泳、100米蝶泳、200米蝶泳、50米自由泳、4×100米自由泳接力，以及男女混合4×100米混合泳接力6个项目的冠军，**成了万众瞩目的“六金王”，并因此当选杭州亚运会最有价值运动员（MVP）。**张雨霏接受采访时说：“非常荣幸能获得杭州亚运会MVP的荣誉，我把MVP留在了中国，完成了赛前的梦想和诺言。”

在杭州亚运会以及整个2023年取得的耀眼成绩，让张雨霏积累了信念和力量，

她将不断超越自我。悄然之间，昔日的天才少女，已经成为中国泳军的新时代领军人。

“路途很难，微笑相待。”这是2020东京奥运会后，张雨霏送给自己的话。我们期待“哪吒”继续“闹海”，期待张雨霏的笑容常在，期待中国泳军再创辉煌。

她们是中国女子游泳的“绝代双骄”，在中国游泳处于低谷时扛起大旗。连续两届奥运会，她们力夺女子 200 米蝶泳金牌。她们是刘子歌、焦刘洋，蝶泳“双子星”冲破黑暗，迎来苦寻已久的光明。

第四章

“绝代双骄”
——刘子歌与焦刘洋

2008
2008

2012
CHINA
2012

黑暗中的“双子星”

2008年北京奥运会之前，中国游泳队陷入了低谷：2004年雅典奥运会中国游泳队唯一的金牌得主罗雪娟宣布退役，2007年世锦赛中国女子游泳队仅斩获1枚铜牌。即便奥运会在家门口举办，中国游泳队依然困难重重。

但在这举步维艰的情况下，也有曙光出现。

年轻的刘子歌和焦刘洋横空出世，成为中国游泳队黑暗中的“双子星”。2007年游泳世锦赛，年仅16岁的焦刘洋斩获女子200米蝶泳第四名。而在2008年全国游泳冠军赛暨奥运选拔赛中，刘子歌和焦刘洋分别获得了冠军和亚军，联袂取得奥运会参赛资格。

即将到来的2008年北京奥运会，隐隐闪耀光芒的“双子星”能为中国游泳队带来惊喜吗?

希望升起两面国旗

2008年8月12日，北京奥运会女子200米蝶泳的预赛打响，刘子歌和焦刘洋表现出色，顺利闯入半决赛。在半决赛中，两人的表现都堪称惊艳：焦刘洋游出了2分06秒42的好成绩，位列第一小组的第一名，顺利晋级决赛；刘子歌更是游出了2分06秒25的成绩，力压澳大利亚选手、世界纪录保持者杰西卡·施佩尔，同样以小组第一晋级决赛。

“双子星”的光芒此时已经愈发亮眼，主教练张亚东在半决赛结束之后兴奋地表示：“希望明天可以升起两面中国国旗，奏响国歌。”

这样的豪言壮语被许多外国媒体当作笑谈，他们并不看好中国的“双子星”会在决赛中取得好成绩。因为彼时的中国游泳队在北京奥运会中还没有金牌入账。

两位年轻的小将承载着全部的希望，即将到来的决赛，她们还能延续预赛和半决赛的惊艳发挥吗？“绝代双骄”一战成名、创造历史的时刻，很快就要来临了。

“绝代双骄”联袂冲金

2008年8月14日，刘子歌和焦刘洋站上了北京奥运会女子200米蝶泳决赛的赛场，她们最为强劲的对手是施佩尔。施佩尔曾在2006年游出2分05秒40的成绩，创造了这个项目的世界纪录。

出发之后，刘子歌、焦刘洋、施佩尔并驾齐驱，三人处在领先位置。刘子歌紧追施佩尔，前程能力较弱、后程能力较强的焦刘洋，则是略微落后。这三人组成的第一梯队，向金牌发起了猛烈的冲击。

冲刺阶段，两名中国选手展现了超强的实力：**刘子歌在最后一个转身之前就已超越施佩尔，此前落后较多的焦刘洋也在最后一个转身之后奋起直追，把施佩尔甩在了身后。**

此时，两名中国选手确立了巨大的领先优势，澳大利亚选手已经无力争金，刘子歌和焦刘洋的竞争，成为比赛最后阶段唯一的悬念。

金牌！双双打破世界纪录

最终，刘子歌顶住了焦刘洋猛烈的攻势，以微弱的优势第一个到达终点。2008年北京奥运会，中国游泳队的首枚金牌终于诞生了！这也是中国游泳队在本届奥运会唯一的金牌。

刘子歌游出2分04秒18的成绩，创造了新的世界纪录。焦刘洋游出2分04秒72的成绩，也超越了施佩尔此前创造的世界纪录。

两名小将在决赛中将这个项目的成绩提升到了前所未有的高度，让其他竞争对手望尘莫及。张亚东的愿望成真了，“双子星”

一战成名，在“水立方”迸发出耀眼的光芒。领奖台上，刘子歌和焦刘洋微笑着领取金牌和银牌，两面五星红旗同时升起，国歌声响彻全场。颁奖仪式结束后，刘子歌和焦刘洋佩戴金银牌，身披五星红旗，全场中国观众热情欢呼。这幕经典的画面，成为中国泳军在北京奥运会上最美丽的瞬间。

“双保险”再出征

2008年北京奥运会结束后，刘子歌和焦刘洋依旧保持着出色的状态，成为女子200米蝶泳项目中的王牌。

刘子歌在2009年游出了2分01秒81的成绩，创造了这个项目新的世界纪录。

焦刘洋则是在2010年广州亚运会中大放异彩，她一举斩获女子100米蝶泳冠军、女子200米蝶泳冠军、女子4×100米混合泳接力冠军，单届比赛收获3金。

2012年伦敦奥运会悄然来临，此时的中国游泳队已经奋然崛起，叶诗文、孙杨等年轻队员的横空出世，让中国队有了更多的冲金点。

但刘子歌和焦刘洋仍然肩负巨大的压力，她们不想让女子200米蝶泳的金牌旁落。“双保险”再度联袂出征，半决赛中，焦刘洋游出2分06秒10的成绩，位列第一小组的第一名，刘子歌则是游出2分06秒99的成绩，两人携手进入决赛。

超级逆转！焦刘洋赢了

当地时间8月1日，2012年伦敦奥运会女子200米蝶泳决赛打响。出发之后，刘子歌一马当先，排在第一的位置，焦刘洋蓄势待发，比赛初期略微落后。来自西班牙的贝尔蒙特·加西亚状态极其出色，迅速取得了领先的优势。在比赛的后半程，刘子歌有些体力不支，逐渐落在了后面。焦刘洋则是不断赶超，最后一个50米前，她追到了第二的位置，落后加西亚0.84秒。

最后阶段，焦刘洋再度展示了惊人的冲刺能力。**几乎是顷刻之间，她就让加西亚的优势荡然无存。**完成反超之后，焦刘洋更是越游越快，最终第一个到达了终点。

2分04秒06，焦刘洋超越了刘子歌在2008年北京奥运会决赛中的成绩，创造了新的奥运会纪录。赛后，焦刘洋比出“1”的手势，肆意拍打水面庆祝胜利。颁奖仪式上，她眼含热泪看着五星红旗升起，“绝代双骄”没有让金牌旁落。

亚运会再摘金

焦刘洋与刘子歌在连续两届奥运会中，都保持了极高的水准，双双闯入决赛，联袂收获2金1银的好成绩。这在游泳项目中实属不易，“绝代双骄”却做到了，她们为奥运会中国体育代表团做出了巨大的贡献。

2012年伦敦奥运会后，刘子歌和焦刘洋仍在发挥余热，她们在国内外大赛中争金夺银。2014年仁川亚运会，焦刘洋在女子200米蝶泳的比赛中摘金，在亚运会赛场实现卫冕。两届亚运会，焦刘洋共收获了4枚金牌。

然而随着年龄的不断增长，两位奥运冠军也不得不面对状态的下滑。2015年后，两人逐渐淡出了公众的视野，也很少现身国内外的大赛。

虽然转身离开，但两人缔造的辉煌仍在。**刘子歌在2009年创造的2分01秒81的世界纪录，仍然无人打破。**属于“绝代双骄”的那个时代，永远值得铭记。

“蝶后”的传承

“绝代双骄”两次携手出战奥运会，分别获得金牌，这样的故事已经足够让人热血沸腾。但她们的故事中，更让人感动、更值得铭记的，其实是“传承”。

将时钟拨回到2008年，低谷中的中国泳军急需突破点，“绝代双骄”挺身而出，让中国游泳队度过了黎明前最后的黑暗，北京奥运会两人携手登上领奖台，对中国游泳而言是莫大的激励。

再将目光转回到现在，如今的中国泳军早已迈过坎坷、度过窘境，迎来一个新的兴盛时代，女子200米蝶泳更成为中国游泳队的优势项目。2020东京奥运会，张雨霏拿到了女子200米蝶泳的冠军。**近4届奥运会，中国泳军三夺该项目的金牌，确立了在这个项目中无可置疑的优势地位。**

低谷之中，“绝代双骄”敢于亮剑，劈波斩浪、扛起大旗。

巅峰之时，“绝代双骄”已是传奇，新人崛起、传承荣耀。

她是年少成名的游泳天才，16 岁破世界纪录并奥运摘金；她也是失意的游泳天才，转瞬之间从巅峰跌入低谷；但她更是不屈的游泳天才，从挫折中爬起再度绽放。她是“混合泳女皇”叶诗文，她的职业生涯曲折而又璀璨。

第五章

“混合泳女皇”——叶诗文

女子400米个人混合泳

YE
叶诗文破世界纪录 夺得金牌
CHINA

14岁天才
亚运会夺冠

1996年出生的叶诗文，6岁时就因为超出同龄人的身高以及手大脚大的先天条件，被老师视作游泳的好苗子。叶诗文学习游泳仅仅半年，启蒙教练魏巍就对叶诗文的父母说：“只要没有意外的伤病，你们家孩子，以后是要拼奥运会的。”

少年天才在成长之路的伊始，就享受着胜利和鲜花带来的喜悦。在起步阶段，叶诗文走得非常顺利。第一次参加全国比赛时，仅有14岁的叶诗文赢得了全国游泳冠军赛女子200米个人混合泳的冠军。**2010年的广州亚运会，14岁的叶诗文再创奇迹，一举拿下女子200米和400米个人混合泳两枚金牌，一战成名。**

彼时的她恐怕不会料到，经历了巅峰与低谷之后，13年后的她，需要再次在亚运会中证明自己。

叶诗文在国内赛场和亚洲赛场上所向披靡，她已经准备好在更高的舞台上展现自己。

最年轻的世界冠军

2011年7月25日，游泳世锦赛女子200米个人混合泳决赛打响，叶诗文并未被视作夺冠热门选手，来自澳大利亚的斯蒂芬妮·赖斯和美国的阿丽亚娜·库尔科斯都具备不俗的实力。对于首次参加世锦赛的叶诗文而言，比较现实的目标应该是冲击奖牌。

比赛的进程似乎也印证了这一点，前两个泳姿蝶泳、仰泳，叶诗文表现一般，在进入蛙泳的阶段后，她开始追击，然而最后50米自由泳开始之前，叶诗文仅排名第五。当所有人都认为她夺牌无望之时，震惊世界的“叶诗文时间”来了。她仅用25米就追到领先者的行列，最后25米的冲刺她以0.1秒的优势率先触壁，叶诗文赢了！在现场无数中国泳迷的见证之下，叶诗文以2分08秒90的成绩拿到冠军。

15岁的叶诗文，一战名垂泳坛史册。她成为1978年以来最年轻的游泳世界冠军，也成为中国泳坛历史上最年轻的长池世锦赛个人项目冠军，她更是世界上第一位赢得世锦赛个人项目金牌的95后选手。

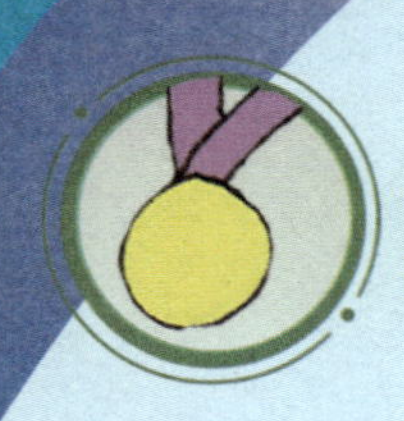

巅峰之战显身手

2012年伦敦奥运会，成为叶诗文走上巅峰的一届比赛。叶诗文的表现，一次次让所有人惊掉了下巴。

当地时间7月28日，强手如林的女子400米个人混合泳决赛率先打响，叶诗文依旧在蝶泳和仰泳两个项目中落后，第三个泳姿蛙泳结束之后，她已经追到了第二的位置。

在叶诗文身前，仅剩下美国名将伊莎贝拉·贝塞尔。正当所有人都期待着两人在最后100米上演巅峰对决时，叶诗文开始了让全场都惊呼的表演。

她仅用25米就追上了对手，随后越游越快，将贝塞尔远远甩在了身后。此时的叶诗文如同一条乘风而起的“飞鱼”，肆意地在蔚蓝的水面上彰显着自己的天赋。

若干年后，她回忆道：“我就觉得心脏都要跳出来了，不敢相信我要拿奥运冠军了。”

破纪录摘奥运首金

冲刺阶段，叶诗文的对手已经不是贝塞尔，而是世界纪录。最终她取得了4分28秒43的成绩，打破了由赖斯保持的4分29秒45的世界纪录，以超世界纪录1秒多的惊人成绩夺冠。

叶诗文最后50米的自由泳游出了28秒93的成绩，而男子400米个人混合泳金牌得主、美国选手瑞安·罗切特的最后50米自由泳成绩，则是29秒10。

依靠比男子顶尖选手还快的冲刺能力，叶诗文创造了奇迹般的逆转，让当晚所有的高手黯然失色。叶诗文在这场比赛的发挥被国外媒体评选为“十大最令人意外的比赛结果”的第一位。夺冠后的叶诗文，与拿下铜牌的队友李玄旭开心地拥抱。她喘着粗气和队友说：“我再也不要游‘400混’这个项目，太累了。”队友李玄旭笑着回答她：“怎么可能不游？世界纪录都是你的。”

YE

“叶诗文时间”

叶诗文创造奇迹的脚步，并未就此停歇。

当地时间7月31日，叶诗文夺得首枚金牌之后的第3天，女子200米个人混合泳决赛打响。在自己的主项上，她拥有更强大的自信。

“叶诗文时间”，也如期而至。

前三个泳姿她依旧没有占到优势，进入到最后50米前她仅排名第三，落后美国选手凯特琳·利华娜兹0.31秒。

最后50米，比赛再度成为叶诗文的独

角戏。她凭借极强的冲刺能力，轻松地挽回了劣势，最终以2分07秒57的成绩夺冠，并打破奥运会纪录。这个项目此前的奥运会纪录同样属于叶诗文，她在半决赛就游出了2分08秒39的成绩。

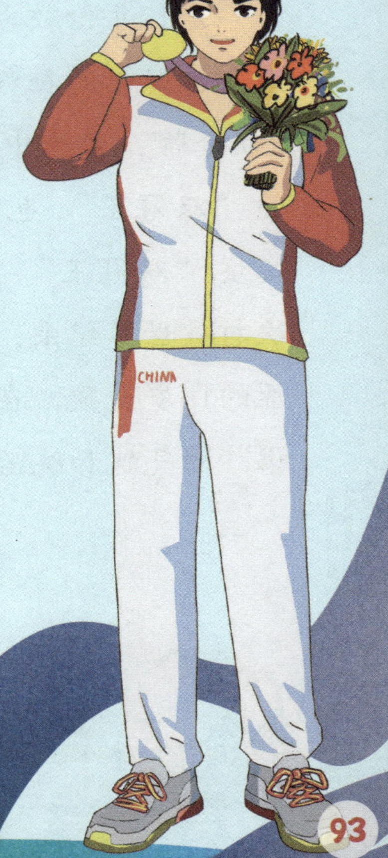

一个项目，两破奥运会纪录，再度上演“叶诗文时间”，叶诗文又一次让各路名将黯然失色。伦敦蔚蓝的泳池里，留下了属于叶诗文的神迹。

泳坛“金满贯”

2012年伦敦奥运会对于叶诗文而言，是一次梦幻的征程。首战奥运会，她拿到2枚金牌，成为中国游泳队历史上首个奥运“双冠王”，也成为世界泳坛最年轻的奥运“双冠王”。2次打破奥运会纪录，1次打破世界纪录，这个留着短发、稍显羞涩的16岁女孩，在泳池中彰显着“舍我其谁”的气魄和统治力。

2010

世锦赛冠军

亚运会冠军

叶诗文创造历史的脚步，依旧没有就此停歇。2012年短池游泳世锦赛，在女子200米个人混合泳的角逐中，叶诗文以2分04秒64的成绩摘金，成为中国游泳历史上首位集奥运会、长池世锦赛、短池世锦赛以及亚运会冠军于一身的“全满贯”选手。2013年全运会，她在200米个人混合泳项目中摘金，国内外所有大赛该项目的金牌都被她收入囊中，**中国泳坛首个“金满贯”就此诞生。**

“金满贯”

奥运会冠军

“混合泳女皇”

低谷中暂别泳池

16岁加冕奥运“双冠王”，17岁成就“金满贯”伟业，叶诗文在职业生涯开端就达到了他人难以企及的高度。然而没有人会一直赢下去，命运逐渐将残酷的一面展现给她，**几乎是一夜之间，她从荣耀的巅峰跌落到深不见底的低谷。**

2013年游泳世锦赛，叶诗文在200米个人混合泳中仅拿到第4名，这次失利成为致命的转折点。

受到失眠、身体发育和伤病的影响，

叶诗文成绩一路下滑。曾经的战无不胜好似遥远的回忆，残酷的现实是，她怎么都游不快了。经历了几年的挣扎，她选择暂别泳池。2017年，她决定去读书，沉淀自己。读书的日子里，叶诗文不断地思考着曾经训练和比赛的细节，也以更加成熟的姿态看待输赢。伴随着2020东京奥运会的临近，叶诗文选择休学回归赛场。回归赛场的叶诗文，开始刻苦地训练。

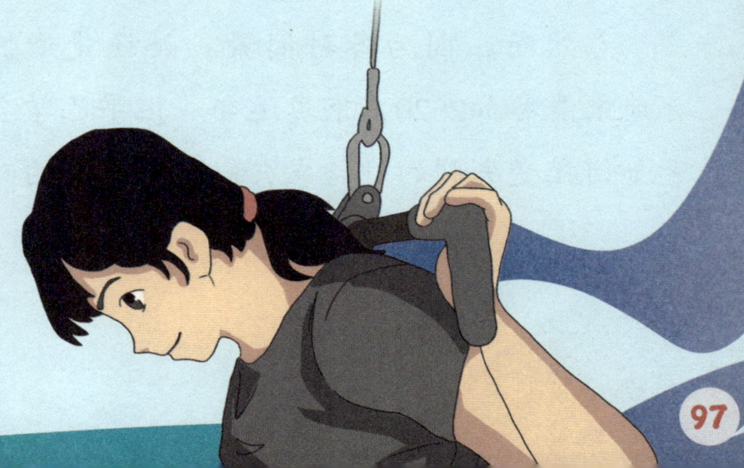

摘金！涅槃重生

2019年游泳世锦赛，叶诗文闪耀在阔别许久的国际赛场。她在女子200米和400米个人混合泳的比赛中都拿到了银牌，摘银的过程与2012年如出一辙——在冲刺阶段奋力追击，超越对手。以同样的方式重回世界顶级行列，叶诗文诠释了在低谷中不言放弃，在归来时不忘初心。

然而，因为各种因素，她还是遗憾地未能参加2020东京奥运会。但早已学会如何接受失利的叶诗文，以更加平和的心态享受着自己喜爱的游泳。

2023年9月28日，在杭州亚运会女子200米蛙泳的角逐中，叶诗文拿到一枚金牌，她罕见地拍着水面庆祝。

2010年，“小叶子”在亚运会夺金，一鸣惊人；2023年，叶诗文历经起伏，在梦想开始的舞台涅槃重生。

金牌依旧闪耀，比金牌更可贵的是，13年时间，经历了巅峰与低谷，经历了鲜花与泥泞，经历了赢得一切的美妙开局，如今的叶诗文能以更加成熟的姿态对待赛场上和人生中的成败得失。

致敬奥运会英雄谱

蔚蓝的泳池里，中国泳军写就了不屈而又璀璨的篇章。他们曾陷入低谷，苦寻奥运金牌而不得；他们也曾站上巅峰，在伦敦奥运会斩获耀眼5金。但无论身处何种环境，一代代中国游泳人永远在用汗水和坚持，换回突破和掌声，他们游出了中国速度，捍卫了中国荣耀。谨以英雄谱的方式，向所有劈波斩浪、奋勇前行的中国游泳人，致以最崇高的敬意。

1988 年汉城奥运会		
杨文意	女子 50 米自由泳	银牌
庄泳	女子 100 米自由泳	银牌
黄晓敏	女子 200 米蛙泳	银牌
钱红	女子 100 米蝶泳	铜牌
1992 年巴塞罗那奥运会		
杨文意	女子 50 米自由泳	金牌
庄泳	女子 100 米自由泳	金牌
钱红	女子 100 米蝶泳	金牌
林莉	女子 200 米个人混合泳	金牌
庄泳	女子 50 米自由泳	银牌
吕彬 / 杨文意 / 乐靖宜 / 庄泳 / 赵坤 *	女子 4 × 100 米自由泳接力	银牌
林莉	女子 200 米蛙泳	银牌
王晓红	女子 200 米蝶泳	银牌
林莉	女子 400 米个人混合泳	银牌

1996 年亚特兰大奥运会		
乐靖宜	女子 100 米自由泳	金牌
乐靖宜	女子 50 米自由泳	银牌
刘黎敏	女子 100 米蝶泳	银牌
乐靖宜 / 年芸 / 单莺 / 晁娜	女子 4 × 100 米自由泳接力	银牌
林莉	女子 200 米个人混合泳	铜牌
陈艳 / 韩雪 / 蔡慧珏 / 单莺	女子 4 × 100 米混合泳接力	铜牌
2004 年雅典奥运会		
罗雪娟	女子 100 米蛙泳	金牌
朱颖文 / 徐妍玮 / 杨雨 / 庞佳颖 / 李季 *	女子 4 × 200 米自由泳接力	银牌
2008 年北京奥运会		
刘子歌	女子 200 米蝶泳	金牌
焦刘洋	女子 200 米蝶泳	银牌
张琳	男子 400 米自由泳	银牌

朱倩蔚 / 杨雨 / 谭淼 / 庞佳颖 / 汤景之 *	女子 4 × 200 米自由泳接力	银牌
庞佳颖	女子 200 米自由泳	铜牌
赵菁 / 孙晔 / 周雅菲 / 庞佳颖 / 徐田龙子 *	女子 4 × 100 米混合泳接力	铜牌
2012 年伦敦奥运会		
孙杨	男子 400 米自由泳	金牌
孙杨	男子 1500 米自由泳	金牌
焦刘洋	女子 200 米蝶泳	金牌
叶诗文	女子 200 米个人混合泳	金牌
叶诗文	女子 400 米个人混合泳	金牌
孙杨	男子 200 米自由泳	银牌
陆滢	女子 100 米蝶泳	银牌
郝运 / 李昀琦 / 蒋海琦 / 孙杨 / 吕志武 */ 戴骏 *	男子 4 × 200 米自由泳接力	铜牌
唐奕	女子 100 米自由泳	铜牌

李玄旭	女子 400 米个人混合泳	铜牌
2016 年里约奥运会		
孙杨	男子 200 米自由泳	金牌
孙杨	男子 400 米自由泳	银牌
徐嘉余	男子 100 米仰泳	银牌
汪顺	男子 200 米个人混合泳	铜牌
傅园慧	女子 100 米仰泳	铜牌
史婧琳	女子 200 米蛙泳	铜牌
2020 东京奥运会		
汪顺	男子 200 米个人混合泳	金牌
张雨霏	女子 200 米蝶泳	金牌
杨浚瑄 / 汤慕涵 / 张雨霏 / 李冰洁 / 董洁 */ 张一璠 *	女子 4 × 200 米自由泳接力	金牌
张雨霏	女子 100 米蝶泳	银牌
徐嘉余 / 闫子贝 / 张雨霏 / 杨浚瑄	男女混合 4 × 100 米混合泳接力	银牌
李冰洁	女子 400 米自由泳	铜牌

注：奥运会游泳比赛接力项目中，每队在决赛中可以派 4 名运动员上场。若代表队在决赛中获得奖牌，预赛上场但决赛中未出战的运动员，仍可以拿到奖牌。带 * 为预赛上场但决赛中未出战的运动员。

中国花样游泳队奥运会奖牌：

2008 年北京奥运会 女子集体自由自选 铜牌

队员：刘鸥 / 蒋文文 / 罗茜 / 张晓欢 / 孙萩亭 / 黄雪辰 / 蒋婷婷 / 顾贝贝 / 王娜

2012 年伦敦奥运会 女子集体自由自选 银牌

队员：陈晓君 / 刘鸥 / 孙文雁 / 黄雪辰 / 罗茜 / 蒋文文 / 吴怡文 / 常思 / 蒋婷婷

2012 年伦敦奥运会 女子双人自由自选 铜牌

队员：黄雪辰 / 刘鸥

2016 年里约奥运会 女子双人自由自选 银牌

队员：黄雪辰 / 孙文雁

2016 年里约奥运会 女子集体自由自选 银牌

队员：黄雪辰 / 尹成昕 / 顾笑 / 李晓璐 / 汤梦妮 / 孙文雁 / 梁馨枰 / 曾珍 / 呙俐

2020 东京奥运会 女子双人自由自选 银牌

队员：黄雪辰 / 孙文雁

2020 东京奥运会 女子集体自由自选 银牌

队员：呙俐 / 孙文雁 / 黄雪辰 / 梁馨枰 / 冯雨 / 尹成昕 / 肖雁宁 / 王芊懿

截至 2020 东京奥运会结束

典藏
中国游泳荣耀时刻

“五朵金花”

1992年巴塞罗那奥运会，中国女子游泳队的“五朵金花”斩获4金5银，震惊了世界。

林莉三战奥运会，扬威混合泳赛场；庄泳彰显中国速度，自由泳赛场“封后”；杨文意破世界纪录，霸气加冕；钱红斩获1金1铜，成初代“蝶泳皇后”；王晓红创历史摘银，泪洒巴塞罗那。“五朵金花”携手创造了中国游泳军团不畏艰险、奋勇开拓的黄金年代。

汪顺追梦路

汪顺三战奥运会：从2012年伦敦奥运会初出茅庐到2016年里约奥运会奋勇摘铜，再到2020东京奥运会，他终于加冕男子200米个人混合泳冠军，成为中国游泳历史上第二个男子奥运会冠军。

“我做到了赛前说的，要让国旗在东京飘扬，让国歌在东京奏响。”第三次奥运会之旅，已经27岁的汪顺，兑现了升国旗、奏国歌的诺言。他年少成名，终登世界之巅。一路走来，外界的期望在变，不变的是汪顺永远在逼迫自己不断向前。追梦之路，越拼才会越顺。

1996 孤独“拼杀”

1996年亚特兰大奥运会的泳池里，乐靖宜孤独“拼杀”，以54秒50夺得女子100米自由泳冠军，并打破奥运会纪录，这是中国泳军在亚特兰大奥运会中得到的唯一金牌。而在女子50米自由泳的比赛中，尽管面对着泳镜滑落的不利局面，乐靖宜依然奋力游到终点，并且拿下银牌。

“金牌收割机”乐靖宜是那个时代无可争议的“自由泳女王”，她曾多次打破世界纪录，创造了让后人仰望的辉煌壮举。

“洪荒少女”

2016年里约奥运会，傅园慧在女子100米仰泳比赛中，打破该项目全国纪录，创历史地收获铜牌，成为中国女子仰泳第一位登上奥运领奖台的运动员。

“我已经用了洪荒之力了。”一段采访让傅园慧一夜成名，“洪荒少女”的代名词不胫而走。率真的表达以及对待胜负的态度，让傅园慧成为与众不同的那一个。

中国接力

2020东京奥运会女子4×200米自由泳接力决赛，由杨浚瑄、汤慕涵、张雨霏、李冰洁组成的中国队，以7分40秒33、打破该项目世界纪录的成绩夺冠，这是中国游泳队在接力项目中的首枚奥运金牌，中国泳军的历史从此被改写。

尽管中国泳军曾跌入过低谷，但这支坚强的队伍总能依靠出色的实力和为团队而战的决心，演绎让人动容的故事，拼出让人惊喜的成绩。

游泳小百科

☆历史起源

中国水域辽阔，有记载的游泳实践，始于五千年前。但游泳成为一个体育项目还是近一两百年的事。早在17世纪60年代，英国不少地区就陆续开展了游泳活动。1828年，英国人在利物浦修造了第一个室内游泳池。1837年，英国举办了最早的游泳比赛。1896年，游泳被列为奥运会比赛项目。现代游泳的姿势主要包含蛙泳、仰泳、蝶泳以及自由泳。

☆项目介绍

奥运会

以2024年巴黎奥运会为例，游泳（Aquatics）属于大项分类，包含游泳（Swimming）、花样游泳（Artistic Swimming）、马拉松游泳（Marathon Swimming）、跳水（Diving）、水球（Water Polo）。

世锦赛

本书中出现的世界游泳锦标赛（World Aquatics Championship，简称世锦赛），是游泳（Aquatics）大项类赛事，包含游泳（Swimming）、跳水（Diving）、水球（Water Polo）等六个项目。世界短池游泳锦标赛仅包含游泳（Swimming）。

由于使用习惯，在日常生活、资讯报道、内容传播（包含本书）等方面，我们所说的游泳比赛通常指游泳（Swimming），特殊语境和加限定词的除外。

☆组织机构

游泳的最高组织机构是世界游泳联合会（World Aquatics，原名为国际游泳联合会，报道中习惯使用原名，简称国际泳联），管理的运动项目包括游泳（Swimming）、跳水（Diving）、花样游泳（Artistic Swimming）等。

☆设备介绍

场地

国际泳联规定，用于奥运会和世锦赛游泳比赛的泳池，长度为50米（长池比赛）和25米（短池比赛），宽度一般为25米，泳道为8～10条。此外，泳池的水温还必须保持在25摄氏度到28摄氏度之间。

分道线

分道线是用来区分泳道的标志线，由多个浮标连接而成。

自动计时装置

由发令装置、触板和计时器等组成。该装置与发令信号同时启动，运动员到达终点时触及终点触板记录其成绩。

仰泳转身标志旗

仰泳转身标志旗为横跨游泳池的旗绳，上面挂满小旗子。由于仰泳运动员面部朝上无法看到泳池两端，标志旗提醒运动员即将到达泳池两端。

出发台

比赛时供运动员站立出发的固定台子。仰泳出发台另置专用握手器，设在台前侧。

☆名词解释

仰泳	身体仰卧在水面，两臂交替划水，两腿打水。
蛙泳	身体俯卧在水面，两臂对称划水， 同时两腿蹬水、夹水， 因像青蛙游水的姿势而得名。
蝶泳	身体俯卧在水面，躯干带动双腿同时打水，两臂同时划水后提出水面再向前摆去，因形似蝶飞而得名。

自由泳	可以用任何姿势游完规定距离，在比赛中通常指爬泳——身体俯卧在水面，两腿交替上下打水，两臂轮流划水，因动作很像爬行而得名。
混合泳	用蝶泳、仰泳、蛙泳和自由泳的姿势连续游完规定的泳程，分为个人和接力两种形式。
马拉松游泳	一项在公开水域进行并且距离至少为10公里的游泳比赛。奥运会中的马拉松游泳距离为10公里。
花样游泳	被称为“水上芭蕾”，是一项由游泳、体操和芭蕾等各种技巧糅合而成的具备舞蹈表演和艺术造型的项目。
水球	被称为“水上足球”，是一种结合游泳、手球、篮球、足球的水上集体球类运动。运动员在水中用一只手传球，把球射进对方球门算得分，得分多的获胜。

本书所有数据统计截至2024年巴黎奥运会开赛前。

图书在版编目（CIP）数据

中国游泳 / 柳建伟主编 . -- 北京 : 北京时代华文书局 , 2024. 7.

ISBN 978-7-5699-5570-5

Ⅰ . K825.47

中国国家版本馆 CIP 数据核字第 20246FN853 号

Zhongguo Youyong

出 版 人：陈　涛
总 策 划：董振伟　直笔体育
责任编辑：马彰羚
执行编辑：黄娴懿　孙沛源
特邀编辑：李　天　王　婷
责任校对：畅岩海
装帧设计：程　慧　迟　稳　王艾迪
插画绘制：范宇昊　杨　霞
责任印制：訾　敬

出版发行：北京时代华文书局 http://www.bjsdsj.com.cn
北京市东城区安定门外大街 138 号皇城国际大厦 A 座 8 层
邮编：100011　电话：010-64263661　64261528

印　　刷：三河市嘉科万达彩色印刷有限公司
开　　本：787 mm × 1092 mm　1/32　　成品尺寸：130 mm × 190 mm
印　　张：4　　字　　数：38 千字
版　　次：2024 年 7 月第 1 版　　印　　次：2024 年 7 月第 1 次印刷
定　　价：29.80 元